ESPLORANDO IL CONCETTO DI WANDERLUST

ESPLORANDO IL CONCETTO DI WANDERLUST

HARPER NORTHWOOD

CONTENTS

Introduzione a Wanderlust — 1

1 La psicologia del Wanderlust — 5

2 Pianificazione intelligente del viaggio — 9

3 Immersione culturale e connessioni profonde — 12

4 Avventura e vita audace — 15

5 Pratiche di viaggio sostenibili — 19

6 Nomadismo digitale e lavoro da remoto — 22

7 Viaggi da soli e dinamiche di gruppo — 27

8 Viaggiare con uno scopo — 31

9 Salute e benessere in viaggio — 35

10 Catturare ricordi e narrare storie — 39

Riflessioni sulla voglia di viaggiare e sulla cres — 43

Copyright © 2025 by Harper Northwood
All rights reserved. No part of this book may be reproduced in any manner whatsoever without written permission except in the case of brief quotations embodied in critical articles and reviews.
First Printing, 2025

Introduzione a Wanderlust

La parola *wanderlust*, con le sue radici pedestri in tedesco, si è recentemente infiltrata nella lingua inglese per diventare un'accattivante metafora usata per esprimere un desiderio di luoghi lontani, un'avidità per il vagabondaggio e l'avventura e un affetto pronunciato per l'esplorazione sfrenata del mondo. Per la prima volta nella storia umana, le persone in tutto il mondo condividono questo intenso desiderio di vedere e conoscere il mondo, frequentemente e in gran parte senza sosta. Gli antichi esploratori e pionieri sfidarono i pericoli del mondo di superficie per assicurarsi un futuro migliore, spinti dal desiderio di raggiungere i confini del globo. Invece di cercare la mera sopravvivenza, cercarono l'ispirazione, apprezzando il viaggio tanto quanto la destinazione desiderata.

Questo desiderio può derivare da ricordi specifici di vacanze che ci hanno riempito di eccitazione piuttosto che di fuga. In alternativa, può essere una rappresentazione visiva di una ricerca per conquistare un lungo viaggio, vedere tutto ciò che c'è nel tuo elenco di cose da vedere assolutamente e celebrarne ogni aspetto. Nei tempi moderni, "viaggiare" significa intraprendere una nuova avventura. È diventato un aspetto significativo dell'economia psicologica, con molti che viaggiano per realizzare sogni che si nascondono appena sotto la patina della loro vita quotidiana restrittiva. Il viaggio stesso diventa significativo quanto l'obiettivo. Per soddisfare la tua voglia di viaggiare, non hai necessariamente bisogno di fare viaggi o vedere i tipici punti di interesse. Questo libro riguarda sia i viaggi regolari che quelli di piacere, fornendo spunti su come il viaggio offra una nuova narrazione per le nostre vite.

L'ironia della vita è paradossalmente confortante e rinfrescante quando ti trovi in un ambiente strano. Durante un viaggio, potresti sperimentare una significativa crisi esistenziale di mezza età, realizzando che la voglia di viaggiare non riguarda solo le vacanze. Riguarda l'approfondimento della relazione dentro di te e il vivere profondamente e coraggiosamente.

Definizione di Wanderlust

La voglia di viaggiare si manifesta come un intenso bisogno di esplorare il mondo. Per alcuni, si manifesta come sogni di saltellare da una parte all'altra del globo; per altri, è un sordo desiderio di avventura. Questo desiderio di vedere nuove formazioni d'acqua, nuovi orizzonti, sapori esotici e volti unici è accompagnato da un profondo sentore di romanticismo. La voglia di viaggiare non offre solo emozioni forti ma anche felicità, non solo un legame con le usanze ma anche con se stessi. Ha un nome, questa complessa sensazione di desiderio e ansia, questo mix di desiderio ed esperienza: voglia di viaggiare.

Questa duplice comprensione della voglia di viaggiare, come ricerca di ciò che non abbiamo a casa e come ricerca di un'assenza percepita, incarna l'intreccio emotivo con il concetto. La voglia di viaggiare suggerisce che potrebbe comportare mondi alternativi e un senso che il desiderio si realizza altrove. Il significato di luoghi, paesaggi e culture vissuti sulla strada si percepisce di nuovo al ritorno a casa. Quindi, mentre la voglia di viaggiare si nutre di sogni di consumo e desiderio, il viaggio diventa molto più di una fase per il completamento della fantasia o la realizzazione dei sogni.

Storicamente, il desiderio di viaggiare e di ciò che è esotico è stato assente per gran parte della storia umana. Sebbene alcune persone viaggiassero per commercio, altre migrassero e altre ancora lasciassero casa come rifugiati, i viaggiatori e i migranti erano tipicamente disprezzati nelle società agrarie tradizionali in cui le persone tendevano a rimanere vicino a casa. Finché il viaggio è stato disprezzato, il desiderio di vagare è rimasto il desiderio degli outsider culturali che si distinguevano per il loro disprezzo per le convenzioni e la pressione sociale. Con la crescita e la modernizzazione della classe media urbana, viaggiare per piacere è diventato più accettabile, ma il desiderio di viaggiare ha continuato a essere in contrasto con casa. Oggi, la voglia di viaggiare rappresenta una scelta piuttosto che una necessità, designando un certo atteggiamento, stile di vita e fantasia privilegiati sull'individuo e sul sé sociale.

Prospettive storiche e culturali

In *Wandering: A Cultural History of Walking* , Solnit traccia il cambiamento dell'opinione pubblica nei confronti dei viandanti: "Lo spostamento, dalla terra e dai suoi rituali e dai molti tipi di vincoli noti che comporta, finisce per connotare una rottura, un furto. Questi ragazzi e ragazze senza radici infestano le vicinanze con la loro amoralità da vagabondi. Sono diventati - stereotipicamente - demoralizzati". La sacra peripezia è stata respinta come parte dell'umanità e la voglia di viaggiare ha iniziato a essere distinta tra la mera compulsione a vagare e una fuga dalla poltrona che genera devianza dalla società.

Storicamente, i sintomi della voglia di viaggiare erano considerati patologici, derivanti da una profonda e solitaria follia. Le origini di questa prima comprensione della voglia di viaggiare sembrano essere state radicate nelle risposte emotive di base innescate dal viaggio. Samuel Johnson parlava del viaggio come di un'emozione personale di "Keh-keh-keh!" e Brissot de Warville metteva in guardia i francesi, "Gare au voyage: C'est dans le bonheur du voyageur que se tient le malheur du paysan [Attenti ai viaggiatori, perché la felicità del viaggiatore causa la miseria del contadino]".

Considerare la voglia di viaggiare da una prospettiva storica e culturale aiuta anche a spiegare molti degli approcci psicologici e sociologici alla voglia di viaggiare, almeno nelle culture nazionali occidentali. La parola "wanderlust" non ha fatto lo stesso in altre lingue, rimanendo in questo ghetto concettuale, portando con sé sia connotazioni di desiderio che di patologia.

Il contesto sociale ha fornito le basi per la nozione di wanderlust. Da una prospettiva sociale più ampia, si potrebbe sostenere che il racconto della Genesi dell'espulsione di Adamo ed Eva dal Giardino ha segnato un passaggio dagli animali che vagavano allo stato brado agli esseri umani con uno scopo sostanziale.

CHAPTER 1

La psicologia del Wanderlust

Gli psicologi definiscono *la voglia di viaggiare*, o il desiderio intenso di viaggiare, come un tentativo di auto-esplorazione e un senso di libertà, piuttosto che una forma di evasione. Mentre molti si sentono attratti dall'esplorazione di nuove destinazioni e culture, psicologi e ricercatori hanno cercato di comprendere le motivazioni e i fattori alla base del nostro desiderio di viaggiare. La professoressa Ruth Ann Atchley dell'Università del Kansas ha coniato il termine "viaggiatori arrugginiti" per descrivere le persone che trascorrono anni nello stesso ambiente pur continuando a provare voglia di viaggiare. La nostra motivazione costante a esplorare e viaggiare è in gran parte alimentata dalla gamma di nuove esperienze che cerchiamo. Mentre ci familiarizziamo con i nostri ambienti spesso omogenei, il nostro cervello ristagna e di conseguenza i nostri livelli di stimolazione e coinvolgimento diminuiscono. Cambiando il nostro ambiente ed esplorando nuove culture, ci riattiviamo con il mondo che ci circonda, rendendo il viaggio un meccanismo essenziale per rimanere acuti e curiosi.

Questa comprensione più profonda della voglia di viaggiare ci consente anche di comprendere le emozioni ad essa correlate. Come esseri umani, la nostra tendenza naturale è quella di adattarci a nuove esperienze. Questo processo, noto come "adattamento edonico", è il modo in cui il corpo regola gli effetti delle emozioni positive e negative, filtrando le esperienze nei nostri background man mano che ci abituiamo a loro, in modo simile a un artista che ombreggia i soggetti per farli "sfumare" sullo sfondo circostante. Mentre questo strumento psicologico può creare felicità e ottimizzazione, nel tempo ci desensibilizza anche agli stimoli. Nel contesto della voglia di viaggiare, arriviamo ad aspettarci molte di queste nuove esperienze come una parte naturale delle nostre vite, motivo per cui a volte è vista come una forma di evasione. Solo spostando la nostra mentalità da questo orientamento evasivo possiamo sbloccare un senso di esplorazione attiva e appagamento quando ci dirigiamo verso un viaggio.

Motivazioni e driver

Lo stile di vita wanderlust è motivato da una combinazione di desideri di vedere nuovi paesaggi, incontrare nuove persone e conoscere diversi modi di essere. I benefici del viaggio sono ben documentati, quindi non abbiamo bisogno di approfondire il motivo per cui le persone desiderano vedere nuovi posti: piuttosto, la nostra preoccupazione è rivolta ai desideri sociali ed emotivi che guidano questa urgenza. Le persone decidono di voler viaggiare per vari motivi. In molti casi, i giovani vengono spinti in giro per il mondo, lontano dalla familiarità di casa, perché le loro vite sono piene di incertezza. Quegli anni dell'adolescenza e della post-adolescenza sono quelli in cui siamo più preoccupati di fare scelte personali. In risposta a questa incertezza, viene perseguita una dialettica dualistica.

Una proiezione nel nostro tentativo di dare un senso alla trappola affrontata dagli esseri umani contemporanei ci dipinge come viaggiatori senza radici e senza direzione guidati da familiari plasmatori culturali: capitalismo, consumismo, tecnologia, Thomas Cook, Lonely

Planet. Queste forze esterne sono profondamente radicate nella società e hanno plasmato valori, obiettivi e motivazioni in modi tali che i viaggiatori non pensano più con la propria testa e temono la libertà individuale e l'auto-responsabilità che si verificherebbero se osassero pensare in modo diverso dalla massa. Questa incessante ironia dell'incertezza è il paradosso centrale che sostiene questo capitolo: gli esseri umani odiano il concetto di sentirsi incerti, eppure lo abbracciano come una scusa per definire il loro stesso essere. Nella moderna società occidentale, questa incertezza spinge i giovani in tutto il mondo alla ricerca di "indimenticabilità" personale, individualità ed esperienza non adulterata. Questi sforzi portano alla scoperta di se stessi e forniscono un senso di direzione e scopo nella vita.

Vantaggi e svantaggi

La voglia di viaggiare consente alle persone di vedere più cose in un giorno di quante ne vedano molti in un anno. Come desiderio incurabile di viaggiare e vedere il mondo, la voglia di viaggiare ha i suoi vantaggi. I viaggiatori non sono solo turisti; sperimentano ed entrano nei mondi che attraversano in modi che arricchiscono la loro prospettiva e visione del mondo. Allo stesso tempo, la voglia di viaggiare ha i suoi svantaggi, poiché l'intenso desiderio di continuare a muoversi ed esplorare può rendere difficile rimanere in un posto e mettere radici. Che si tratti di una sfida cronica per alcuni o di un breve desiderio emotivo e mentale, la voglia di viaggiare ha i suoi vantaggi e svantaggi.

Vantaggi:

- **Vivere la vita:** Sebbene la voglia di viaggiare sia spesso associata all'amore per i viaggi e l'esplorazione, un aspetto determinante è il desiderio e l'ambizione di sperimentare cose nuove, cogliere le opportunità, accettare l'ignoto e sfidare se

stessi. Coloro che abbracciano la voglia di viaggiare vogliono sfruttare al meglio ogni momento.
- **Ampliare le prospettive:** Wanderlust arricchisce la propria prospettiva esponendo gli individui a culture, stili di vita e visioni del mondo diversi, favorendo così una più ampia comprensione dell'umanità.

Svantaggi:

- **Sfide nell'ambientarsi:** la voglia di continuare a muoversi ed esplorare può presentare delle sfide nelle relazioni e nella vita professionale, che richiedono sicurezza e impegno nei confronti di un'organizzazione o istituzione.
- **Paura di perdersi qualcosa:** il desiderio irrefrenabile di muoversi e sperimentare può portare alla paura di perdersi qualcosa e al rimpianto, soprattutto in giovane età.

Riconoscendo sia i vantaggi che gli svantaggi della voglia di viaggiare, le persone possono gestire il loro desiderio di esplorare con un approccio equilibrato, assicurandosi che il loro viaggio attraverso la vita sia il più appagante possibile.

CHAPTER 2

Pianificazione intelligente del viaggio

Uno dei segnali stradali più importanti per vivere una vita audace è il concetto di viaggio intelligente. Vivere una vita audace spesso implica vivere una vita in viaggio, abbracciare avventure non convenzionali, una preparazione ponderata e fare scelte che supportino i tuoi obiettivi di viaggio. Viaggiare intelligente non significa una fuga veloce nel fine settimana, due settimane in una località baciata dal sole o farsi strada tra le prime dieci destinazioni nella tua guida turistica. Invece, viaggiare intelligente significa intraprendere viaggi ponderati e ben pianificati che arricchiscono le tue esperienze ed espandono i tuoi orizzonti.

Strategie per viaggiare in modo intelligente

Per molti, viaggiare è un sogno riservato ai ricchi, ai pensionati o a chi cerca di sfuggire alla routine quotidiana. Ma ecco la verità: viaggiare per il mondo è possibile per chiunque. La voglia di viaggiare non è solo per i ricchi o i belli. Naturalmente, i soldi aiutano e i lavori che ti portano in posti come il Vietnam o la Svezia hanno i loro vantaggi. Tuttavia, l'essenza della pianificazione di viaggi fai da te sta nel comprendere che un viaggio intelligente è il risultato di una buona pianificazione di viaggio. Prima di andare da qualche parte, devi prendere decisioni su come viaggerai, con chi viaggerai e cosa farai una volta arrivato.

Ricerca e preparazione: la decisione di viaggiare, dove andare e cosa fare sono momenti critici prima di qualsiasi viaggio. Ricerca e pianificazione sono componenti chiave in questa fase iniziale. La direzione che una persona sceglie può dire molto su chi è e come vede il mondo. Il filosofo Alain de Botton in "Una settimana all'aeroporto" nota: "Se dovessimo trascorrere alcuni giorni prendendo coscienza delle società, del mercato e di noi stessi, penseremmo in modo più acuto, saremmo sicuri delle nostre scelte e molto più liberi nelle nostre attività".

Viaggiare non richiede lunghi soggiorni su suolo straniero. Potrebbe essere una ricerca kitsch in una città vicina o un'avventura di fine settimana. Una vacanza è possibile anche nella tua stessa regione del centro con un'indennità limitata e poco tempo per uscire di casa. Con l'abbondanza di scelte, obiettivi, aiuti e logistica, le fasi di pianificazione e preparazione del viaggio possono essere molto divertenti. Da dove inizi il viaggio, come inizi a viaggiare e dove desideri andare?

Budgeting e finanza: la gestione delle finanze è una preoccupazione importante per qualsiasi stile di vita, soprattutto quando si viaggia. Per coloro che vivono all'estero per lunghi periodi, come sei mesi in Messico, c'è un impegno economico sostanziale e spesso inaspettato. Il budget e la preparazione finanziaria dipenderanno dallo stile di vita e da eventuali responsabilità in sospeso in un paese straniero. Una vacanza di breve durata richiede un impegno finanziario notevolmente inferiore rispetto alla vita in un altro paese. Un impegno di sei mesi all'estero richiede un'attenta pianificazione finanziaria. Ogni persona dovrebbe considerare la propria situazione economica e finanziaria prima di trasferirsi all'estero.

Modi per gestire le finanze quando si vive all'estero: consultare un consulente finanziario, un commercialista o un avvocato per gestire i propri beni in modo legale e giudizioso mentre si vive all'estero è una buona strategia finanziaria. Una gestione finanziaria responsabile include il pagamento delle tasse, gli investimenti e il versamento regolare di contributi a un conto pensionistico. È anche consigliabile portare con sé un po' di contanti e di credito per superare qualsiasi periodo di transizione finanziaria. La maggior parte dei professionisti lavorerà con voi tramite e-mail o telefono, soprattutto se siete già clienti. Potete anche prendere in considerazione l'idea di utilizzare un professionista di una grande città come Los Angeles che fornisce servizi alla vostra sede.

Viaggiare improvvisato: ci sono due costi principali associati a una vacanza: viaggio e alloggio. Per coloro che possono sperimentare un viaggio economico senza attingere ai risparmi pensionistici, i biglietti sono solitamente la spesa maggiore. Cerca voli fuori stagione. In inverno, dirigiti verso una spiaggia del sud; in estate, scappa al nord. Le stagioni intermedie sono l'ideale perché la tua destinazione per le vacanze sarà ancora calda, ma non dovrai pagare prezzi di punta. Approfitta delle sistemazioni a basso costo e sii flessibile in termini di posizione e alloggio. I maggiori risparmi spesso derivano dall'essere aperti a nuove idee. Stabilisci un budget di viaggio e considera grandi costi fissi, come l'affitto, esercitando anche pratiche di gestione economica intelligenti quando stabilisci il budget per entrate e spese.

CHAPTER 3

Immersione culturale e connessioni profonde

Come membro della specie umana, i tuoi sensi sono i tuoi strumenti principali per navigare nel mondo. La vista, essendo il più importante, ti consente di valutare rapidamente i rischi, identificare le risorse per cibo, riparo e calore e valutare il tuo ambiente. Il tatto ti aiuta a creare e manipolare l'ambiente circostante, mentre l'udito ti consente di discernere la vicinanza e le intenzioni degli altri. Questi sensi sono cruciali per la sicurezza e la sopravvivenza, aiutando nella comunicazione e nella navigazione.

Tuttavia, quando si tratta di voglia di viaggiare, i tuoi sensi servono a più di semplici bisogni pratici. Alcune persone perseguono qualcosa di più grande, meno tangibile ma profondamente sentito. Una connessione con qualcosa di nuovo e diverso. La voglia di viaggiare offre un vantaggio pratico che va oltre la mera sopravvivenza: la capacità di comunicare informazioni preziose e promuovere legami sociali di fiducia. La curiosità individuale accende conoscenza, conversazione e creatività, portando allo sviluppo di nuovi strumenti e metodi. Condividere esperienze e informazioni al di là della propria comunità immediata può essere utile a tutti. Il semplice desiderio di condividere dettagli apparentemente irrilevanti può portare pace attraverso la rivelazione di esperienze condivise e di un terreno comune.

Interazioni locali e apprendimento delle lingue

Le interazioni locali e l'apprendimento delle lingue sono essenziali per raggiungere connessioni più profonde e autentiche durante il viaggio. Gli studi sul turismo e la ricerca sui viaggi sottolineano l'importanza di immergersi in un'altra cultura attraverso l'interazione, la lingua, le esperienze di prima mano e le amicizie. La mancanza di interazione locale può portare a insoddisfazione personale e a mancate opportunità di crescita. L'apprendimento delle lingue, in particolare tra i meno qualificati, è un ostacolo fondamentale all'interazione locale e all'istruzione internazionale.

La frequenza con cui si viaggia o il tempo trascorso in un viaggio sono indicatori poco affidabili del valore derivato dall'esperienza. Il vero valore risiede nella profondità e nella diversità della rete sociale ed economica costruita attraverso interazioni locali. Per creare connessioni significative, è necessario conoscere le parole locali per fare amicizia con persone del posto e impegnarsi in conversazioni faccia a faccia che possono cambiare i percorsi di vita. La lingua e le interazioni personali sono ciò che distingue il viaggio dal semplice turismo.

Turismo Responsabile

Il turismo responsabile coinvolge i viaggiatori che si impegnano in attività che forniscono incontri diretti e autentici con la gente del posto, gli ambienti naturali e il patrimonio culturale. Questo approccio avvantaggia sia il viaggiatore che la comunità locale. Le pratiche di turismo responsabile includono:

- **Sostenibilità:** utilizzare organizzazioni a basso impatto o focalizzate verticalmente, aderire a regole di gestione della natura selvaggia che non lasciano traccia e selezionare attentamente i

percorsi dei sentieri e i campi base per ridurre al minimo l'impatto ambientale.
- **Sviluppo delle risorse locali:** sostenere iniziative come il Peace Corps, che forma volontari per costruire sul patrimonio locale e finanziare la cura delle risorse storiche e culturali. Le organizzazioni di viaggi avventurosi supportano anche programmi di ecoturismo gestiti da nativi, cooperative alimentari, sport giovanili ed educazione ambientale.

I viaggiatori dovrebbero cercare di diventare parte dei luoghi che visitano, contribuendo con denaro e supporto alle aree locali e arricchendo al contempo le proprie vite. Questo approccio consente ai viaggiatori di pagare un giusto valore di mercato per esperienze migliorate e di creare connessioni significative con la gente del posto, le culture, la terra e la fauna selvatica. Il viaggio responsabile avvantaggia sia il viaggiatore che la persona visitata, spesso portando a una trasformazione personale e a un apprezzamento più profondo per il mondo.

CHAPTER 4

Avventura e vita audace

Avventura e vita audace: se non comportano almeno un po' di rischio, non sono un'avventura. Avventura, viaggi e le gioie della voglia di viaggiare non sono più visti come l'hobby di coloro che non riescono a trovare un vero lavoro o un modo per passare il tempo prima di mettere su famiglia. In effetti, l'avventura può, deve e deve aiutarci tutti a vivere più profondamente, ad ampliare le nostre zone di comfort più pienamente e a interagire con il nostro mondo in modo più completo. Lo stile di vita della voglia di viaggiare è davvero uno di vita audace. È una vita piena di abbracci appassionati, risate fragorose e la sincera ricerca del mondo che amiamo. Tuttavia, lo stile di vita più audace e gioioso comporta delle sfide. La strada aperta, che porta ovunque e da nessuna parte, in realtà ci porta nei luoghi meno visitati del mondo, presentando innumerevoli sfide.

Rischio: "Ore di noia, momenti di terrore" - Il rischio è una componente chiave per godere delle gioie che si trovano nella voglia di viaggiare. Mentre l'avventura e l'esplorazione sono tra le tante gioie di un vagabondaggio senza precedenti, molto di ciò che segue risale ai principi di base del vagabondaggio discussi in precedenza. Avventura come trasformazione: le nostre passioni, attività e scelte sono pensate per spingere i nostri limiti, insegnarci il mondo e mostrarci quanto amiamo ridere, quanto profondamente piangere e quanto costantemente abbracciare coloro che altrimenti non potremmo chiamare amici. Vivere con passione, una vita di avventure, non è egoistico. Trovando le nostre avventure, rimodelliamo le nostre personalità e spesso miglioriamo il mondo che ci circonda.

Assunzione di rischi e crescita personale

L'assunzione di rischi è un aspetto cruciale della crescita personale, che informa le proprie preferenze ed esperienze. Viaggiare spesso comporta gradi di rischio poiché gli individui si spostano oltre i propri confini e adottano vari mezzi per farlo. La paura o l'incertezza di circostanze non familiari e i probabili rischi coinvolti sono collegati ai viaggi degli esploratori mentre spingono i propri limiti di comfort. Ad esempio, il rischio per qualcuno che non ha mai viaggiato nelle Montagne Rocciose è molto più alto rispetto a coloro che regolarmente vanno in mountain bike su terreni rocciosi. Il rischio o la sfida correlati al viaggio possono essere situazionali, ma in media, coloro che trascorrono le loro vacanze esplorando le Montagne Rocciose affrontano più rischi rispetto ai viaggiatori che pianificano tutto fino a resort turistici sicuri.

Abbracciare il rischio o la crisi all'interno della scelta è un principio fondamentale all'interno del quadro psico-spirituale della crescita e dello sviluppo personale. La meraviglia e lo stupore che nascono dagli incontri con esperienze di picco generano risposte e apprendimento. Tali strategie, incorporate nella vita quotidiana attraverso incontri con la natura come espressione di esperienze di picco, aiutano lo sviluppo personale. È possibile gestire cambiamenti o sconvolgimenti ed emergere trasformati con maggiore successo quando si risponde all'assunzione di rischi che senza.

Nel turismo d'avventura all'aria aperta e nelle esperienze vissute dal segmento di popolazione amante dell'avventura, l'assunzione di rischi promuove l'espansione spaziale, temporale e cognitiva. Le scelte incentrate sui comportamenti di assunzione di rischi favoriscono l'arte nel partecipante e promuovono la curiosità intellettuale e la complessità complessive. Molti si impegnano in viaggi per uno sviluppo personale olistico, con una componente significativa che è l'acquisizione di nuove prospettive, pratiche e routine. L' attrattiva principale del viaggio è l'esperienza di illuminazione o crescita personale, strettamente correlata al riconoscimento e allo stupore.

I viaggiatori prendono tali impegni quando prendono in considerazione un viaggio e decidono di intraprenderlo. I consulenti aziendali Pam Goldsmith e Garry Waldorf, attraverso il loro libro *The Acme Whistle* , supportano questo concetto. Lo studio legale britannico Clifford Chance guida i membri rinnovati dello staff in escursioni attorno al Rubicone di Londra e attraverso la sala macchine della Magna Carta. Queste passeggiate tentano di ricreare le situazioni affrontate dai veri emigranti che hanno dovuto allontanarsi dalle infrastrutture familiari per creare un nuovo inizio. Per padroneggiare queste difficili passeggiate, i partecipanti devono lasciare Londra alle cinque del mattino, guadare acque alte fino al petto e scalare muri. Piani che sono auspicabilmente audaci e intelligenti costituiscono il nucleo della voglia di viaggiare. Abbracciare l'estetica del viaggio richiede piani, visione e strategia audaci.

Spingere le zone di comfort

Le zone di comfort rappresentano la barriera tra ciò che già sai e puoi fare e ciò che non puoi. Uscire da questi limiti comporta difficoltà intrinseche, ma la questione se ne valga la pena resta incrollabile. Non solo ne vale la pena, ma è anche l'unica via per la crescita e la trasformazione personale. Ogni innovazione tecnologica e medica ha avuto origine al di fuori della zona di comfort e ogni lavoro che detestavi alla fine ti ha portato alla posizione dei tuoi sogni. Comprendere queste verità delinea come spingersi oltre le zone di comfort paghi davvero i dividendi.

Rompere con le routine e i percorsi prestabiliti favorisce la crescita. Creatività accresciuta, empatia e sensibilità verso le persone e le idee emergono come sottoprodotti dell'entrare nella natura selvaggia. Dilettarsi non basta; tuffarsi in un piccolo piede di acqua straniera lascia oscuri i segni della crescita. Tuttavia, tuffarsi in oceani sconosciuti rovescia all'orizzonte una moltitudine di abilità e conoscenze. La crescita richiede esperienze sorprendentemente difficili e allarmanti. Questi risultati apparentemente negativi simboleggiano confronti trasformativi che rompono le tue zone di comfort. Questa è la realtà dello spingere le zone di comfort: vivere audacemente. I viaggiatori intelligenti scoprono, attraverso la meraviglia della voglia di viaggiare, che le avversità sviluppano la forza di abbracciare una versione migliore di se stessi.

CHAPTER 5

Pratiche di viaggio sostenibili

Le strategie ecosostenibili e di supporto alle persone sono essenziali per un viaggio responsabile. In questa parte, imparerai come viaggiare per il mondo in un modo che lo lasci indenne e sostenga le persone locali che incontri lungo il cammino.

Perché è importante

Nella prima parte di questo capitolo, abbiamo approfondito il concetto di wanderlust. I viaggiatori cercano esperienze di vita più profonde, più intime e reali, indipendentemente dalla destinazione. Tuttavia, coloro che scrivono sul significato, lo scopo e il percorso del viaggio spesso trascurano i milioni di persone della Terra e il pianeta stesso. In un mondo pieno di diversità culturale, molti viaggiatori pensano poco agli incontri con gli abitanti delle città e dei villaggi che visitano. Le loro preoccupazioni risiedono nel vedere le piramidi, scalare l'Everest o trovare i leoni di Chobe, senza considerare l'impatto dei loro viaggi sulle comunità locali o sull'ambiente.

Missione di meraviglia: il viaggio consapevole esclude qualsiasi viaggio di sfruttamento. Affermiamo il nostro impegno per la sostenibilità e la connessione con i luoghi, le culture e le persone che incontriamo. Ci auguriamo che la nostra filosofia di viaggio trasformi il modo in cui viaggiamo tutti in modi piccoli ma significativi.

Scelte eco-consapevoli

Wanderlust esorta i viaggiatori ad ampliare i propri orizzonti, a portare le proprie attività oltre la propria zona di comfort e ad aprirsi a nuove mentalità ed esperienze. In un mondo ampiamente accessibile tramite tecnologie come i viaggi aerei, le crociere marittime e i treni notturni, ciò ha un impatto sostanziale sull'ambiente. Secondo Husserl, "È viaggiando che una persona mette creatività e spontaneità al primo posto nella propria vita". Tuttavia, la gestione irresponsabile del pianeta e la priorità degli interessi commerciali rispetto alle risorse naturali hanno portato molti attivisti e scienziati a criticare le industrie del turismo per gli effetti negativi degli spostamenti di massa.

Viaggiare ha il potenziale di istruire i viaggiatori, aprire le loro visioni del mondo e creare empatia e solidarietà attiva con le comunità locali. Per minimizzare il suo impatto, è importante prendere decisioni consapevoli dal punto di vista ambientale.

Dal punto di vista di Fable e Fahnestock, i turisti eco-consapevoli o sostenibili tendono a evitare le zone più gettonate e sovraffollate e le idee di viaggio improvvisate e di breve durata per ridurre il loro impatto ambientale. I turisti sostenibili percepiscono l'impoverimento ambientale come una delle principali influenze negative dell'industria turistica e apprezzano le iniziative di conservazione che riducono al minimo l'impatto ambientale. I viaggiatori attivi che richiedono informazioni dettagliate su salute e benessere le utilizzano per pianificare viaggi eco-consapevoli.

Gli eco-turisti spesso cercano destinazioni meno affollate e uniche per ridurre il loro impatto ecologico e adottare un modo più sostenibile di viaggiare. I canali dei media nazionali, le guide di viaggio e il materiale promozionale offrono consigli per scoprire esperienze personali uniche in tutto il mondo.

Sostenere le comunità locali

Coinvolgere eticamente la gente del posto trasforma le esperienze di viaggio. Quando i viaggiatori investono in esperienze di viaggio che insegnano loro nuove competenze o offrono tour da gente del posto, si legano profondamente alle persone e ai luoghi che visitano. Questo coinvolgimento etico garantisce che non solo i gruppi potenti ne traggano beneficio, ma anche i veri custodi della terra e della cultura, coloro che sostengono e condividono responsabilmente le loro storie ed esperienze.

Partecipare a eventi e tour locali assicura che i dollari del turismo vadano direttamente alle famiglie locali sotto forma di mance e vendite. Quando le piccole comunità vedono i dollari del turismo arrivare grazie a interazioni uniche e autentiche, è più probabile che continuino a condividere la loro cultura.

Aiutare gli altri crea una comunità di connessione che può portare all'evoluzione dalla povertà. Coinvolgere la gente del posto significa che i tuoi dollari del turismo li sosterranno direttamente. Resort e campi safari che promuovono l'impegno della comunità e restituiscono sono fondamentali, ma c'è qualcosa di potente nel dare direttamente da un individuo alla comunità. Coinvolgendo veramente la gente del posto, puoi ottenere molto di più in cambio.

CHAPTER 6

Nomadismo digitale e lavoro da remoto

Il nomadismo digitale è una tendenza in rapida crescita e può essere visto come un'estensione del movimento dei viaggiatori indipendenti. Descrive le persone che amano viaggiare, esplorare nuovi posti e sfruttare l'indipendenza dalla posizione per cambiare spesso ambiente. Se sei un professionista esperto di tecnologia e mobile, un designer, un programmatore, uno scrittore, un addetto al marketing su Internet, un blogger o qualcuno che lavora in un'attività che può essere svolta su Internet, sei un nomade digitale. Molti nomadi digitali condividono le loro storie sui blog e alcuni guadagnano persino insegnando ad altri come diventare nomadi digitali. I blog e i siti Web dedicati a questo stile di vita sono più popolari che mai. Puoi lavorare da remoto mentre esplori e viaggi per il mondo, anche se ciò comporta un adattamento dello stile di vita e un approccio pratico per trovare opportunità di lavoro da remoto.

Strumenti e risorse

Con una chiara comprensione della voglia di viaggiare e degli approcci popolari al lavoro da remoto, è tempo di mettersi in pratica ed esplorare strumenti e risorse specifici per rendere l'indipendenza dalla posizione una realtà. Questa sezione copre una gamma di tecnologie e servizi per aiutare gli aspiranti nomadi digitali o i lavoratori da remoto a unire produttività e avventura per realizzare i loro sogni di viaggio. Affrontiamo anche i dilemmi etici e sociali del nomadismo digitale e le sfide globali poste dal "nuovo colonialismo" dei pendolari digitali occidentali in ambienti a basso costo. Sono necessari quadri legali e amministrativi appropriati per supportare questo movimento.

Strumenti e risorse essenziali:

1. **Un blog/sito web:** condividi le tue esperienze e competenze.
2. **Social media:** utilizza piattaforme come Twitter, Facebook, LinkedIn e altre per entrare in contatto con potenziali clienti.
3. **Piattaforme di scambio di lavoro:** iscriviti a siti come Workaway e WWOOF per offrire il tuo tempo in cambio di vitto e alloggio.
4. **Siti di lavoro:** esplora bacheche di lavoro e siti web che si rivolgono specificamente ai nomadi digitali, come RemotelyAwesomeJobs, Work At My Desk e RemoteOK. Vale la pena dare un'occhiata anche alle sezioni di lavoro di Carbonmade e Behance.
5. **Networking:** fare un sacco di amici è essenziale per far crescere la tua rete ed espandere la tua base clienti. Ciò migliorerà anche le tue opportunità di viaggio e potenzialmente ti farà risparmiare denaro soggiornando con gli amici che ti fai strada facendo.

Capacità e competenze per il nomadismo digitale:

- **Autodisciplina:** mantenere concentrazione e produttività.
- **Gestione del tempo:** bilanciare efficacemente lavoro e viaggi.
- **Motivazione intrinseca:** mantieniti motivato e determinato.

- **Adattabilità:** affrontare con facilità cambiamenti e incertezze.

Strumenti pratici:

- **Comunicazioni:** strumenti come Slack, Zoom e Skype per una comunicazione efficace.
- **Sincronizzazione:** piattaforme come Google Drive e Dropbox per la condivisione di file e la collaborazione.
- **Corrispondenza:** strumenti di gestione della posta elettronica come Gmail e Outlook.
- **Amministrazione dell'ufficio:** strumenti come Trello e Asana per la gestione dei progetti.
- **Informazioni e trasporti:** app come Rome2rio e Skyscanner per pianificare i viaggi.
- **Prenotazioni social:** piattaforme come Airbnb e Couchsurfing per gli alloggi.
- **Servizi professionali a distanza:** siti web come Upwork e Fiverr per trovare lavoro freelance.

Equilibrio tra lavoro e vita privata

Sebbene il lavoro sia importante e appagante per la maggior parte dei nomadi digitali, non è l'unica cosa nella vita. Raggiungere un'integrazione armoniosa tra lavoro, congedo personale e piacere è fondamentale. L'equilibrio tra lavoro e vita privata descrive la relazione tra lavoro e altri impegni di vita e il modo in cui si influenzano a vicenda.

Comprendere l'equilibrio tra lavoro e vita privata:

- Non si tratta di programmare lo stesso numero di ore tra lavoro e tempo libero, ma di adattare il lavoro al proprio stile di vita.
- È uno stato di equilibrio in cui carriera e ambizione hanno la stessa priorità rispetto alle attività ricreative e alla vita familiare.

Vantaggi dell'equilibrio tra lavoro e vita privata:

- Riduce lo stress e il burnout.
- Migliora il benessere generale e la felicità.
- Migliora la produttività e la creatività.

Strategie per raggiungere l'equilibrio tra lavoro e vita privata:

- **Stabilisci dei limiti:** definisci orari di lavoro chiari e rispettali.
- **Stabilisci le priorità delle attività:** concentrati sulle attività ad alta priorità e delega o elimina quelle a bassa priorità.
- **Fai delle pause:** le pause regolari migliorano la concentrazione e la produttività.
- **Coltivate degli hobby:** dedicatevi ad attività che vi diano gioia e relax.
- **Rimani in contatto:** mantieni i rapporti con la famiglia e gli amici.

Alcune persone credono che per raggiungere qualcosa di straordinario sia necessario scegliere tra carriera e riposo. Tuttavia, questo non contribuisce all'autorealizzazione. Un percorso di vita equilibrato è essenziale. Concentrarsi solo sul lavoro o solo su se stessi può portare a stagnazione e rimpianti più avanti nella vita.

CHAPTER 7

Viaggi da soli e dinamiche di gruppo

Viaggiare da soli, sebbene non sia comune come viaggiare in compagnia, ha attirato molta attenzione mediatica negli ultimi due decenni. Un numero sempre maggiore di fonti di informazione evidenzia storie di individui che superano le proprie paure di incertezza e abbracciano la propria curiosità di viaggiare da soli. Sebbene non sia popolare come viaggiare in compagnia, viaggiare da soli è comune, soprattutto tra le viaggiatrici. La motivazione di fondo è quella di ottenere autonomia, tranquillità e scoperta di sé. Inoltre, viaggiare da soli può alleviare la seccatura di creare consenso e aumentare la socialità. La grande varietà e i casi di viaggio da soli suggeriscono che si tratta di un costrutto influente che porta gli individui a viaggiare in modo alternativo.

Solo un numero limitato di studi ha tentato di esplorare le esperienze di viaggio in solitaria. Pertanto, viene eseguita una revisione completa della letteratura dedicata all'esplorazione dei viaggiatori solitari. Vengono presentate le tendenze attuali nel segmento dei viaggi in solitaria, le ragioni per cui gli individui viaggiano da soli e i vantaggi e gli ostacoli.

Dinamiche di gruppo nei viaggi di piacere

Nella ricerca di gruppo, le dinamiche delle relazioni e delle esperienze di gruppo sono cresciute. L'Organizzazione Mondiale del Turismo delle Nazioni Unite (UNWTO) stima che circa l'80% dei viaggiatori vada in vacanza con una o due persone. I partner di viaggio sono spesso amici, seguiti dalla famiglia. In genere, la ricerca di gruppo è frammentata, ma c'è un crescente apprezzamento per la ricerca di gruppo nel tempo libero e nel turismo. Tali studi valutano la comunicazione, il processo decisionale, l'influenza, la relazione e le dinamiche dei membri in famiglie, coppie e gruppi di pari. Alcuni di questi studi affrontano anche i viaggiatori in termini di gruppi culturali, team di lavoro del settore dei viaggi, volontari o scambi culturali sponsorizzati dal governo. I viaggi di gruppo portano le dinamiche di gruppo nei mercati e si può dare maggiore attenzione a questo dominio di ricerca.

Vantaggi e sfide
Benefici
Avventura indipendente: "One is the loneliest number", secondo la canzone di Harry Nilsson, ma non quando si tratta di esplorare luoghi e culture sconosciuti e fare nuove amicizie. Secondo la US Travel Association, l'80 percento dei viaggiatori americani preferisce viaggiare con un compagno, ma quegli intrepidi solitari che si mettono in viaggio spesso godono di sorprendente comfort e divertimento. Scegliendo di andare da soli, un viaggiatore ha la libertà di costruire un viaggio attorno a interessi specifici, che si tratti di esplorare il mondo della musica folk a Nashville o di scoprire cimiteri e cripte vittoriane a Londra. I viaggi in solitaria sono pieni di felici sorprese e offrono eccellenti opportunità per l'introspezione, ricostruire la fiducia e fare amicizia.

Getting Cozy: il viaggio non riguarda più solo la destinazione quando amici o familiari si uniscono al viaggio. Tutti amano un gruppo di persone curiose che vogliono mettersi in viaggio insieme, pianificare un viaggio di nozze o di luna di miele, trascorrere del tempo con i propri cari o intraprendere un viaggio basato sulla fede che prevede preghiera e buone azioni. A volte, durante un viaggio di ricerca, editori o altri possono viaggiare con te, offrendoti uno sguardo coinvolgente sul tuo lavoro. Queste esperienze condivise possono portare ad amicizie veloci e ricordi duraturi.

Sfide

Viaggio da soli: viaggiare da soli può comportare delle sfide, come sentimenti di solitudine o preoccupazioni per la sicurezza. Tuttavia, superare queste sfide può portare a una crescita personale e a un senso di empowerment.

Viaggi di gruppo: viaggiare con altri richiede compromessi e costruzione del consenso. Le dinamiche di gruppo possono essere impegnative, con opinioni e preferenze diverse che devono essere gestite.

Costruire connessioni sulla strada

Viaggiare da soli offre molte opportunità di incontrare altri viaggiatori e gente del posto. Offre anche l'opportunità di connettersi interiormente, accompagnata da cambiamenti nei valori e nello stile di vita che richiedono apertura a nuove esperienze, flessibilità e la volontà di riesaminare le ipotesi su destino, successo e responsabilità personale. Che tu viaggi da solo o con un compagno, puoi aumentare le tue possibilità di avviare conversazioni significative con gente del posto e compagni di viaggio.

L'attrazione della strada è particolarmente forte tra i ventenni e i trentenni. Altri modi per enfatizzare il contatto con altri viaggiatori includono unirsi a tour di gruppo, soggiornare in ostelli o partecipare a eventi locali. I viaggiatori passivi hanno maggiori probabilità di sperimentare incontri casuali e di allargare una rete di contatti. Gli sforzi proattivi per fare conoscenze possono accelerare il processo, richiedendo uno sforzo cosciente per uscire da un guscio di privacy o riservatezza. Sedersi da soli al tavolo di un ristorante può offrire più possibilità di fare amicizia. I pensionati o i vagabondi "fondo fiduciario" possono essere più esitanti, sentendosi come se stessero invadendo la compagnia degli altri.

CHAPTER 8

Viaggiare con uno scopo

Quando viaggiamo con uno scopo, umanizziamo le nostre esperienze. Che ci mettiamo in viaggio per fare volontariato, lavorare o semplicemente trovare un modo migliore per conoscere le comunità di un nuovo posto, la gratificazione è generativa. Lo sappiamo dalle nostre esperienze di altruismo e servizio alla comunità, dalla ricerca sulla coesione familiare al Rocky Mountain Fiddle Camp e dagli studi sui viaggiatori maturi che si impegnano in viaggi educativi o apprendimento permanente. Qui, esaminiamo i principi dei programmi di successo propagati da Road Scholar ed Emerging Horizons e riflettiamo sulla ricerca della connessione umana come proposta da guide commerciali come Lonely Planet.

Essere intenzionalmente in viaggio amplia la nostra libertà perché si estende oltre il comportamento egoistico e apre la porta ai tipi di connessioni che desideriamo profondamente. Questo è vero nel nostro territorio e ancora di più quando varchiamo la soglia della familiarità nota. Scegliendo di andare globali, ci trasciniamo in circoli sempre più ampi di esperienze condivise con la nostra comune comunità umana. I luoghi che ti stai preparando a visitare sono parti uniche, preziose e necessarie di questa comunità. Ci avviciniamo per mostrare la nostra gratitudine, apprezzamento, preoccupazione, amore e cura durante questo processo di scoperta. La tradizione spirituale in cui siamo radicati offre questo come punto di partenza per gli altri per abbracciare la nostra sconfinata curiosità di vedere il mondo. Speriamo di ispirarti a un apprezzamento più ampio, profondamente perspicace e critico non solo del mondo in cui vivi, ma anche dell'ospitalità che così tanti altri sono ansiosi di mostrarti durante i tuoi viaggi.

Volontariato e restituzione

Alcuni preferiscono cercare lavoro ovunque vadano. I titoli di lavoro dei nomadi digitali sono diversi come le loro basi di partenza. Ad esempio, una cantante lirica che lavorava come tata a Ginevra ha trovato lavori nell'opera difficili da trovare e voleva migliorare le sue lingue. Ha scoperto l'ufficio della Croce Rossa Internazionale dall'altra parte della strada rispetto a dove lavorava ed è entrata per fare volontariato. Avevano un vecchio computer e niente da fare, ma si è ricordata che alcune persone che aveva incontrato lì, costrette su sedie a rotelle, avevano ferite che le avevano costrette in ospedale per anni nei loro paesi d'origine. "Quindi ho detto loro di mandarmi delle sedie a rotelle così possiamo tenerle lì", ha detto il suo supervisore dell'ufficio responsabile delle spedizioni. "Quindi ora è il mio lavoro estivo. Imballo e spedisco parti di sedie a rotelle in paesi devastati dalla guerra".

Il volontariato può essere più di un semplice soggiorno in famiglia. In un articolo sul tipo di esperienze di viaggio offerte dalla rivista Russian Life, Nancy Ries, professore associato e presidente di antropologia alla Colgate University, scrive di un americano che si reca in Russia per visitare i campi per bambini. "La sua vacanza", spiega Ries, "è tutto fuorché una 'pausa' dal lavoro. Il suo viaggio è visto come una forma di pellegrinaggio lavorativo mentre entra in questo mondo attraverso il suo servizio". Ries ha scritto una serie affascinante di articoli che discutono di quello che lei chiama "turismo dei rifugi", o viaggi in regioni dilaniate dalla guerra, luoghi magri, "come li descrivono gli ortodossi, il movimento dell'incenso dall'altare ai fedeli e poi di nuovo indietro".

Opportunità educative e di apprendimento

Che si tratti di un viaggio in solitaria o di un'avventura in famiglia, ogni viaggiatore incontra innumerevoli opportunità di apprendimento. Cogliendo deliberatamente queste opportunità, gli individui possono crescere enormemente in termini di norme e valori personali, comprensioni intellettuali, intuizioni culturali e abilità e competenze definite. Le opportunità di apprendimento possono essere categorizzate come segue: (1) Modalità di viaggio, (2) Luoghi da visitare, (3) Interazioni culturali, (4) Principali festività ed eventi e (5) Altri.

I viaggiatori possono impegnarsi in un apprendimento infinito trascorrendo del tempo facendo volontariato in diversi ambiti della comunità ospitante, come nelle scuole, dove possono impartire lezioni di alfabetizzazione o educazione sociale alla gente del posto in un'altra lingua, oppure mentre studiano Tai Chi, yoga, agricoltura o cucina.

L'esperienza educativa offerta da diverse prospettive di viaggio potrebbe essere di enorme importanza per l'avanzamento personale e l'interazione culturale. Guide turistiche, orientamenti o suggerimenti relativi a luoghi da visitare o eventi a cui partecipare possono contribuire in modo sostanziale a un'esperienza di educatore-turista di successo e piacevole. Partecipando a tali attività e osservando le cose dall'interno, i viaggiatori possono sviluppare capacità di lavoro pratiche come insegnanti, gestori di gruppi ed eventi, chef, pianificatori di diete e agricoltori in una certa misura. Integrando costantemente residenti locali e altri turisti, gli studenti possono sviluppare la loro comprensione della diversità, dell'amore interculturale, dell'unità e della cooperazione. In breve, si può crescere notevolmente in termini di capacità, integrità e saggezza durante un viaggio spettacolare, diventando un cittadino del mondo o una persona di sostanza.

CHAPTER 9

Salute e benessere in viaggio

Durante il viaggio, è fondamentale tenere a mente salute e benessere. Questo capitolo esplora vari aspetti del mantenimento di salute e benessere durante il viaggio. Qui, i lettori impareranno come affrontare l'esercizio fisico, lo stretching e lo yoga durante il viaggio e come dare priorità al tempo per pratiche meditative e spirituali. Gli argomenti di discussione includono considerazioni su cibo e dieta, terapie nuove, naturali e alternative, la natura di parassiti, infestazioni, veleni e farmaci, come affrontare i climi tropicali e sopravvivere al caldo e al sole, sicurezza e prevenzione dei furti, autodifesa e strategie per il benessere mentale, emotivo e attitudinale.

Il concetto di vita sana dovrebbe comprendere modelli di stile di vita che possono essere seguiti indipendentemente dalla posizione. Le persone attive in tutto il mondo tendono a essere più sane delle loro controparti inattive, supponendo che non siano sovralimentate. Le migliori pratiche non solo mettono e mantengono il corpo in movimento, ma ispirano anche unità, riparo, forma fisica, equilibrio, silenzio interiore, pace spirituale, coraggio, maggiore consapevolezza, prospettiva, gioia e gratitudine. I viaggiatori sani possono allenarsi, fare stretching, allenarsi o semplicemente camminare ovunque vadano. Possono praticare yoga o meditazione, o metta bhavana (meditazione amorevole). Possono entrare in contatto con persone che la pensano come loro di persona o online. Possono optare per veicoli, strade, sentieri, luce, aria, punti di riferimento e sistemazioni più sani. Possono evitare carichi di lavoro inutili, non impegnarsi in comportamenti negativi e parlare e ascoltare persone che vivono con lo stesso coraggio.

Benessere fisico e mentale

Viaggiare presenta vari rischi e sfide per la salute, come incontri con animali selvatici, malaria, febbre dengue, bagagli smarriti, malattie inspiegabili, parassiti, zecche, attacchi di animali, autisti locali, borseggiatori, crimini violenti, instabilità politica, inquinamento atmosferico, diritti dei passeggeri, incidenti automobilistici, conflitti, interruzioni dei treni, burocrazia governativa, salute dei rifugiati, assistenza sanitaria in diversi paesi e richieste di visto. Precauzioni sensate e conoscenze acquisite possono ridurre la paura dell'ignoto e promuovere una mentalità resiliente durante il viaggio.

Strategia di auto-cura:

- Ascolta le esigenze del tuo corpo e riposati quando necessario.
- Coltivare la forza mentale e fisica.
- Prendi in considerazione un'assicurazione di viaggio o medica per coprire eventuali difficoltà impreviste durante il viaggio.
- Mantenete il senso dell'umorismo ed evitate di reagire in modo eccessivo alle situazioni rischiose.

Alimentazione sana ed esercizio fisico

Viaggiare spesso sconvolge abitudini consolidate, tra cui seguire una dieta bilanciata e fare esercizio fisico regolarmente. Quando si viaggia, soprattutto in luoghi con cucine limitate, è essenziale adottare un approccio pragmatico e adattabile all'alimentazione e all'attività fisica.

Suggerimenti per un'alimentazione sana:

- **Una buona alimentazione:** concentrati su cibi che soddisfano le esigenze del tuo corpo, con un mix sano di macronutrienti, evitando cibi vuoti dal punto di vista nutrizionale come snack zuccherati e cibi fritti.
- **Frutta fresca:** accessibile e può essere trasportata senza che si rovini.
- **Noci:** facili da trasportare, durevoli e adatte a diverse condizioni atmosferiche.
- **Latte/Soia/Succo:** Fondamentali per un'alimentazione veloce.
- **Barretta di cioccolato/dolce:** utile per un breve calo della glicemia.
- **Approccio pratico:** aggiungi altri gruppi alimentari man mano che il tempo e le circostanze lo consentono, senza stress.

Suggerimenti per l'esercizio:

- **Tour a piedi:** Parigi è perfetta per i tour a piedi, Tokyo è perfetta per lo stretching.
- **Attrezzatura portatile per l'esercizio fisico:** corde per saltare, fasce di resistenza e bilancieri da viaggio sono facili da trasportare.
- **Schede di esempio degli esercizi:** gli allenatori personali spesso forniscono ai clienti delle schede di esercizi con le istruzioni da seguire durante il viaggio.

Adottando queste strategie pratiche e adattabili potrai preservare il tuo benessere fisico e mentale mentre esplori il mondo.

CHAPTER 10

Catturare ricordi e narrare storie

In molti modi, il successo nella condivisione di un racconto di viaggio personale può essere fortemente influenzato dal modo in cui condividiamo quei momenti speciali con gli altri. Mentre alcuni viaggiatori possono immaginarsi fotografi e altri possono detestare l'idea di portarsi dietro una costosa macchina fotografica o un dispositivo per scattare foto durante il loro viaggio, catturare i ricordi di viaggio non deve sempre coinvolgere una macchina fotografica.

Per alcuni, tenere un diario potrebbe sembrare obsoleto nell'era dei dispositivi digitali e dei social media. Tuttavia, c'è qualcosa di profondo nei viaggiatori che trovano conforto nell'annotare le cose su carta. Per molti, si tratta di trovare la propria voce. Andando oltre i pensieri in punti elenco e curando le proprie attività quotidiane, i viaggiatori possono documentare i propri stati emotivi interiori. Anche la fotografia è una forma di diario. Alcune persone potrebbero non voler tenere un diario, e va bene così. Quando catturare i propri pensieri non è una priorità e ci si trova nel momento di un'alba mozzafiato nella campagna italiana o mentre si ammira la silhouette del Delicate Arch nello Utah, tirare fuori una macchina fotografica, un telefono o una Polaroid può aiutare a catturare l'attimo per una riflessione successiva. Anche se ora non ti interessa, a qualcuno potrebbe interessare. Per amore di Madre Natura, catturare un momento speciale nel tempo può creare un impatto duraturo.

Fotografia e diario

Fotografia e diario: sono due degli strumenti più accessibili per catturare i ricordi di viaggio. Per oltre un secolo, la fotografia è stata una forma popolare di conservazione. Dipende tutto da come la usi. Molti di noi usano la fotografia per il valore del ricordo, come una foto di te davanti alla Torre Eiffel con i tuoi cari per ricordare un viaggio a Parigi. Sebbene questo sia del tutto giusto e innocente, il tipo di fotografia che suggerisco approfondisce l'esperienza, trasformando una vacanza informale in un pezzo di memoria unico.

Journaling: questo precede la fotografia ed è una forma scritta dello stesso principio. Basati sul design dell'esperienza, i nostri diari (diari di bordo, album, diari di viaggio) possono evolversi da semplici elenchi di cose da fare a riflessioni, narrazioni e forti narrazioni personali. Ciò trasforma il viaggio da mainstream a ufficiale.

Suggerimenti per la fotografia:

- **Documenta le esperienze:** oltre alle fotografie standard delle visite obbligate, scatta foto che catturino esperienze e persone. Cerca istanze in cui una storia deve esistere: una tenera storia d'amore che si svolge in un caffè di Parigi, il vento tra i capelli in cima a una montagna russa o un'anima sopraffatta in piedi alla base di un enorme monumento.
- **Qualità prima della quantità:** le moderne fotocamere digitali e le fotocamere dei cellulari scattano foto di qualità eccellente. A differenza dei vecchi tempi in cui le stampe per scatto erano limitate, ora puoi cliccare tutte le volte che vuoi finché non ottieni il risultato giusto. C'è sempre un pulsante di eliminazione per liberare spazio indesiderato.

- **Scatti spontanei:** scatta foto spontanee di persone comuni che svolgono le loro routine quotidiane. Convinci degli sconosciuti a farsi fare un ritratto. Più foto sincronizzate possono mostrare variazioni nel movimento. A differenza della fotografia di vecchia scuola, non devi aspettare giorni per ottenere le stampe.

Suggerimenti per la tenuta di un diario:

- **Riflessione e narrazione:** vai oltre le liste delle cose da fare e passa a forme di documentazione di riflessione e narrazione. Trasforma il tuo diario di viaggio in un capolavoro di narrazione personale.
- **Combinazione di fotografia e journaling:** allega stampe alle voci del tuo diario. Scrivi riflessioni sulle immagini catturate per creare un ricco diario di viaggio.

Condividere esperienze con gli altri

Condividere esperienze con altri consente ai viaggiatori di prendere le proprie esperienze di wanderlust e condividerle in modo significativo. Man mano che significati stratificati, storie personali coinvolgenti e condivisione sociale si approfondiscono, esprimere e comunicare la wanderlust rende le connessioni più reali. Ciò potrebbe essere utile per il team building o l'istruzione offline, incoraggiando i partecipanti a condividere un'esperienza con uno sconosciuto o un conoscente che può apprezzare la loro.

L'esplorazione di questa sezione rivela come le storie di viaggio risuonino con gli altri, ispirando compagni di viaggio e coinvolgendo le persone nei loro viaggi attraverso storie condivise. Questa sezione aiuta a riconoscere le esperienze condivise sollevate nelle storie. Le persone potrebbero sollecitare un coinvolgimento originale con modi futuri o alternativi di fare networking in base all'energia che emerge dalle storie condivise. Ricordati di condividere con i partecipanti perché senti il bisogno di queste storie, in modo che il concetto rimanga con loro per tutto il tempo. Per promuovere un senso di comunità, può essere incluso il sentimento di appartenenza a un tutto più grande, derivante dalle nostre scintille avventurose che ci spingono a impegnarci sui siti Web di condivisione sociale. Insieme, le nostre storie e i nostri interessi intrecciano una narrazione di "unione" e avviano la condivisione sociale.

Riflessioni sulla voglia di viaggiare e sulla cres

Mentre il nostro semestre si avvicina alla fine, ci siamo presi del tempo per riflettere sul concetto di voglia di viaggiare e su come il viaggio abbia contribuito alla nostra crescita individuale. Le esperienze condivise continuano a plasmare le nostre attuali aspirazioni e prospettive sul mondo, riecheggiando la meraviglia del nostro primo giorno in Europa. Molti di noi, lettori accaniti che credevano che studiare all'estero avrebbe cambiato la vita, non si aspettavano mai di diventare le versioni di noi stessi che siamo oggi, essendo diventati viaggiatori del mondo. Durante il semestre, la nostra capacità di introspezione si è approfondita mentre ci confrontavamo con le sfide di formare relazioni e trovarci in ambienti mutevoli. Prima di condividere i nostri pensieri finali, discuteremo delle nostre aspirazioni per il futuro. Collegandoci con gli altri in spazi stranieri e ricollegandoci con noi stessi attraverso la solitudine, abbiamo scoperto le qualità che più stimiamo. Molti di noi desiderano concentrarsi sulla crescita personale e massimizzare il nostro potenziale nel prossimo anno. Mentre discutiamo delle nostre parti preferite del semestre, spesso menzioniamo monumenti e punti di riferimento di sfuggita, ma riflettiamo molto sui legami profondi e veri creati con nuovi amici.

Queste riflessioni ci aiutano ad andare oltre la semplice gestione degli aspetti pratici per connetterci con la vita in modo profondo e spirituale. Mentre i nostri viaggi all'estero giungono al termine, speriamo di portare avanti atteggiamenti pieni di speranza e conoscenza: "Porta avanti ciò che hai imparato attraverso la tua esperienza unica, con adattamenti al tuo stile di vita personale e alle utilità del pensiero". Mentre studiavamo a Londra, a molti di noi è stato chiesto cosa pensavamo di fare al ritorno negli Stati Uniti. Sebbene ogni risposta fosse diversa, tutte includevano gli ideali di "miglioramento" e "miglioramento". Ora sappiamo che le nostre esperienze hanno ampliato significativamente le nostre prospettive e i nostri mondi. Potremmo aver attraversato i paesaggi fisici dell'Europa occidentale, ma ancora di più, abbiamo esplorato il territorio delle nostre vite, dei nostri sogni e delle nostre aspirazioni. Lasciando le nostre impronte in diverse città, torniamo a casa sentendoci pieni nei nostri cuori, maturi di esperienze condivise e una rete di amici per sempre. I nostri viaggi ci hanno portato a incontrare molti altri giovani viaggiatori sugli stessi percorsi di auto-scoperta e vita audace, ognuno di noi vagando per scoprire la nostra "via" più desiderata.

Lezioni apprese e aspirazioni future

La voglia di viaggiare, in quanto ambigua condizione umana, è sostanziale per i giovani che hanno dedicato molto tempo ed energia al viaggio. È una dimensione importante del potenziale agente nel forgiare una nuova identità. I fornitori come i volontari o le scuole di lingua hanno escogitato modi per trarre profitto offrendo spazi in cui si manifestano meccanismi di incentivazione personali e con pochi confini. Tuttavia, le organizzazioni ospitanti professionali o consumerizzate non sono generalmente gli autori di ciò che accade realmente all'estero quando i viaggiatori indipendenti e i wanderluster sono in viaggio. È unico per gli individui individuare le circostanze, le esperienze e le persone con cui si collegano. Dai miei dati, è chiaro che le esperienze di viaggio indipendenti in vari paesi, in cui la valuta, la lingua e le norme di comportamento cambiano, sono tra i resoconti più sorprendenti e commoventi.

Molti incontri sono casuali, si verificano di frequente, ma il viaggio in sé è unico. Dato che i giovani tra i 18 e i 34 anni partecipano attivamente ai viaggi e alle esperienze internazionali, e che i gruppi di età più avanzata tendono a iniziare a viaggiare con sufficiente esperienza, la voglia di viaggiare amplia e approfondisce le nostre connessioni e scelte. Ci aiuta ad aprire gli occhi, ampliando le opzioni anche quando sono indesiderabili o spiacevoli. Le escursioni turistiche spesso portano a tornare a casa con percorsi alternativi, offrendo nuove prospettive sul proprio percorso di vita.

Integrazione delle esperienze di viaggio nella vita quotidiana

Proprio come sognare ci aiuta a rimuginare sulle esperienze recenti e a risolvere i problemi, il desiderio di avventura può spingerci a pianificare il prossimo viaggio e a riflettere su come infondere nella vita i valori che sperimentiamo sulla strada. Mentre solo un piccolo numero di persone provenienti da paesi ricchi intraprende importanti progetti di volontariato, milioni di persone si offrono volontari in modi più piccoli durante i viaggi: imbiancando case e scuole, costruendo marciapiedi, ricostruendo dopo i disastri. Il punto di questi progetti non è ciò che viene costruito, ma l'interazione con estranei e la sensazione di lavorare per qualcosa di più grande del piacere personale, come aiutare una comunità in difficoltà a riprendersi da un disastro.

Alcune persone si offrono volontarie per aiutare gli animali, dare una mano nelle scuole e nelle cliniche o lavorare a progetti ambientali. I viaggiatori si offrono volontari per imparare dagli australiani rurali e bisognosi o partecipare a eventi come i festival musicali. Fare ciò che potrebbe sembrare un ibrido di esperienze estreme, compiti scomodi e il brusio del viaggio integra aspetti esperienziali nella vita in generale. Molti potrebbero evitare tali viaggi, supponendo che i benefici rimangano all'estero piuttosto che continuare a influenzare la loro esistenza quotidiana al ritorno a casa.

www.ingramcontent.com/pod-product-compliance
Lightning Source LLC
LaVergne TN
LVHW041640070526
838199LV00052B/3467